Omdenken in communicatie is een volledig herziene editie van *Omdenken in relaties*

Omslagontwerp en vormgeving binnenwerk Jan Gunster

Achtste druk, januari 2020

ISBN 978 94 005 0777 7
NUR 770

A.W. Bruna Uitgevers B.V., Amsterdam

Vastdenken (vast•den•ken);
dacht vast; vastgedacht

Manier van denken waarbij problemen alsmaar groter worden, van de regen in de drup belanden, wederk. zichzelf vastdenken, in zijn eigen denken verstrikt raken; vgl. tegenoverg. omdenken, problemen in mogelijkheden veranderen.

In het bijz. vastdenken in communicatie: manier van denken, waarbij relationele problemen escaleren, meestal als gevolg van contrasteren: het teg. gedrag kiezen als dat van de gesprekspartner, bijv. een gedemotiveerd iemand enthousiasmeren of een verdrietig kind met een grap aan het lachen proberen te brengen. Het effect is averechts.

Contrasteren (con•tras•te•ren);
contrasteerde; had gecontrasteerd

Omdenken (om•den•ken);
dacht om; omgedacht

Manier van denken om problemen tot mogelijkheden te transformeren; syn. ja-en-denken; vgl. tegenoverg. ja-maar-denken, denken in termen van bedreigingen, beperkingen en beren op de weg.

In het bijz. omdenken in communicatie: manier van denken, om relationele problemen te transformeren tot nieuwe mogelijkheden, meestal als gevolg van spiegelen, de ander accepteren zoals hij is: oprecht luisteren naar iemand die gedemotiveerd is, een verdrietig kind laten huilen. Het effect is dat meestal vanzelf een nieuwe mogelijkheid ontstaat.

Spiegelen (spie•ge•len);
spiegelde; had gespiegeld

Och, arme stumper, dacht een man die een prachtige vlinder zag worstelen om zich uit zijn cocon te bevrijden. De man besloot de vlinder te helpen. Hij pakte een klein zakmesje en sneed uiterst voorzichtig het weefsel los. De operatie lukte. De vlinder was bevrijd. Liefdevol nam de man de vlinder op zijn hand en hij gooide hem in de lucht. De vlinder dwarrelde echter hulpeloos naar beneden. Waarom? Omdat het worstelen uit de cocon een noodzakelijk onderdeel van de geboorte van een vlinder is. Alleen zo kan een vlinder zich sterken om te vliegen. De hulp aan de vlinder betekende zijn ondergang.

Vastdenken

McDonald's wilde Twitter gebruiken om reclame te maken. Met dat doel kochten ze voor veel geld advertentieposities in. Tweets met de hashtag #McDStories zouden daardoor extra aandacht krijgen. Wat was het idee? Dat mensen de hashtag zouden gebruiken om hun enthousiaste ervaringen met McDonald's te verspreiden.

Wat McDonald's echter niet bedacht had, was dat mensen de hashtag net zo goed zouden kunnen gebruiken om hun minder enthousiaste ervaringen te verspreiden. En dat gebeurde. Twitteraars kaapten de hashtag om er massaal negatieve verhalen mee te verspreiden. Vaak inclusief de gruwelijkste foto's.

Vanwege de niet-aflatende stroom negatieve publiciteit besloot McDonald's de actie na twee dagen te beëindigen. Had dat effect? Nee. Geenszins. De hashtag promootte zichzelf. Spontaan. Het hek was van de dam. Twitteraars plaatsten de ranzigste foto's van half opgegeten hamburgers, smerige restaurants, vieze keukens en stinkende toiletten. Meer dan een week raasde er een storm door Twitter-land. Alles dankzij de door McDonald's zelf in het leven geroepen én gesponsorde hashtag #McDStories.

Het verhaal van McDonald's is een mooi voorbeeld van vastdenken: met goede bedoelingen een ramp creëren.

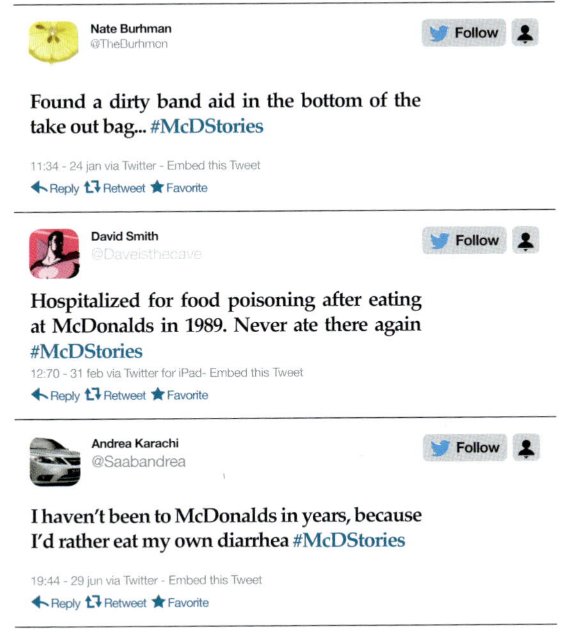

Communicatie die averechts werkt. Het kan gelukkig ook anders. De krachten die zich tegen McDonald's keerden, kun je namelijk ook in je eigen voordeel gebruiken. Een storm aan positieve berichten genereren. Hoe? Door 'om te denken'. Wat omdenken precies is en hoe je dat toepast op het gebied van communicatie, daarover gaat dit boekje.

A successful
man is one who
can lay a firm
foundation

with the
bricks others
have thrown at
him.
David Brinkley

Contrasteren

Stel, je bent wat chagrijnig, je zit niet zo lekker in je vel, natgeregend kom je op je werk, je beklaagt je over het weer en je collega probeert je op te beuren met een vrolijk: 'Zozo. Het zonnetje in huis is ook weer binnen. Waar is die lach op je gezicht gebleven?!' Hoe zul je dan reageren? Natuurlijk! Je wordt er alleen maar nog chagrijniger van.

In de omgang met andere mensen zijn we nogal snel geneigd de ander als 'probleem' te definiëren. We betitelen de ander als 'chagrijnig', 'gedemotiveerd' of 'ongevoelig'. Vervolgens hebben we de neiging dit 'lastige gedrag' te veranderen door datgene wat we als hun gebrek of tekort zien te compenseren. Het tegenovergestelde gedrag te vertonen. Contrasteren, noem ik dat. Is iemand chagrijnig? We maken hem aan het lachen! Is iemand gedemotiveerd? We beuren hem op! Is iemand boos? We manen hem tot kalmte!

Zijn onze bedoelingen slecht of fout? Nee. Integendeel. We bedoelen het vaak juist erg goed. Als je dochter van dertien voor het eerst van haar leven verkering heeft, nota bene met de jongen van haar dromen, maar hij maakt het van de ene op de andere dag uit en haar leven valt in gruzelementen, wat is dan je neiging? Natuurlijk. Om haar op te beuren. 'Kom op meid, er zijn nog zoveel andere leuke jongens op de wereld.' Heb je ongelijk? Nee. Natuurlijk niet. Er zijn wereldwijd nog miljoenen, wat zeg ik, miljarden jongens. Feitelijk heb je helemaal gelijk. De kans is echter groot dat je dochter zich onbegrepen voelt. Onze bedoelingen zijn niet slecht. Ze hebben, doordat we contrasteren, alleen meestal het averechtse effect. Onze 'oplossing' is deel van het probleem.

Door het tegenovergestelde gedrag te vertonen, hópen we het gedrag van de ander in de door ons gewenste richting op te laten schuiven. Wat is echter de impliciete boodschap van jouw tegenovergestelde houding? Dat de ander niet goed is zoals hij is. Wie verdrietig is, moet blij zijn. Wie onrustig is, moet gekalmeerd worden. Wie gedemotiveerd is, zal gemotiveerd worden. In feite zeg je ja-maar tegen de ander. De ander is niet goed zoals hij is. De ander moet, kortom, veranderen.

Dat veranderen verpakken we in de – voor onszelf – prachtigste bewoordingen. We noemen het 'helpen', 'opbeuren' of 'verzorgen'. Maar hoe mooi de beschrijving ook is, mensen laten zich nou eenmaal niet graag veranderen. En al helemaal niet ongevraagd. Het effect is dat de kloof alleen maar groter wordt.

Contrasteren is een vorm van vastdenken: een manier van denken waarbij onze poging een probleem op te lossen, maakt dat het probleem alleen maar groter wordt: een probleem verandert in een catastrofe. Een ramp. Alsof je over een vlekje op je overhemd wrijft. Hoe meer je probeert het vlekje weg te krijgen, des te groter het juist zal worden.

Oudergesprek

Een van de meisjes die het speciaal onderwijs volgt, veroorzaakt nogal wat problemen in de klas. Ze heeft niet alleen met bijna alle leerkrachten, maar ook met haar klasgenoten voortdurend ruzie. Om die reden organiseert de leraar een gesprek met de ouders. Normaal gesproken komt alleen de moeder, maar nu komt ook de vader mee. Hij is een aantal maanden werkloos en moeder had al aangekondigd dat hij mee zou komen. Wat is het eerste wat de leraar opmerkt aan de vader? Een woedende blik en een stevige drankkegel. Het is duidelijk dat vader op oorlogspad is. En de vijand is uiteraard de leraar. Stel, jij bent deze leraar, hoe zou je kunnen reageren?

Het antwoord is achter in dit boekje te vinden.

Patroon

Als het gaat om communicatie zijn we geneigd te denken dat het om twee partijen gaat: een zender en een ontvanger. Als je nauwkeuriger observeert is er echter altijd een derde, per definitie onzichtbare partij bij betrokken: het patroon dat tussen beiden ontwikkeld wordt. Ervaren spindoctors, pr-adviseurs en therapeuten begrijpen dat. Die beseffen dat dit patroon het eigenlijke onderzoeksobject is.

Zo leidt ook contrasteren bijna per definitie tot een patroon van zichzelf versterkende tegenstellingen. Stel. Een man en een vrouw. Ze houden van elkaar. Zij wil 'misschien wel' kinderen en hij wil dat 'misschien ook'. Beiden twijfelen. Alleen twijfelen ze met een klein accentverschil. Bij haar is het 51 procent ja en 49 procent nee, bij hem is het precies andersom: 49 procent ja en 51 procent nee. Door dit accentverschil is de kans groot dat zij de voordelen gaat benadrukken en hij de nadelen.

> 'Stel je voor, kinderen. Moeder worden, vader worden. Dat onzekere, spannende avontuur. Dat is toch heerlijk!?'
>
> 'Zeker. Maar het brengt veel verantwoordelijkheden met zich mee. De vraag is of dit wel het goede moment is.'

‘Maar ja, wanneer is dan wel het moment? Dat weet je toch nooit zeker?’

‘Heb je wel nagedacht over de financiële consequenties?’

‘Je bent rationeel.’

‘En jij emotioneel.’

Zijn ze het oneens? Nee. Ze zijn het inhoudelijk helemaal met elkaar eens. Zij twijfelt er ook aan of dit het moment is. Tegelijkertijd wil hij ook wel het risico nemen er nu voor te gaan. Maar het grote grijze gebied waar ze het eigenlijk helemaal over eens zijn, heeft zich inmiddels uitgekristalliseerd tot een zwart-witbeeld: 100 procent ‘ja’ aan haar kant en 100 procent ‘nee’ aan zijn kant.

Dit uit-elkaar-drijven, dit voortdurend contrasteren, is een patroon dat je kunt vergelijken met twee mensen op een roeiboot. Zodra de een de ene kant op gaat hangen, zal de ander, om het evenwicht te herstellen, geneigd zijn de andere kant op te hangen. Zodra een dergelijk patroon zich eenmaal heeft afgetekend, dreigen de betrokkenen erin gevangen te raken. Zij vormen nu niet langer een patroon, het patroon vormt hen.

Dit patroon van uit-elkaar-drijven is op veel plekken te herkennen. Kind voelt zich hulpeloos met zijn huiswerk, moeder helpt met huiswerk, kind voelt zich des te hulpelozer. Werknemer is gedemotiveerd, leidinggevende begint vol goede moed een probleemgesprek, werknemer raakt nog gedemotiveerder. Moeder is depressief, dochter wil haar met goede bedoelingen opbeuren, moeder wordt alleen maar nog depressiever.

Is dit patroon te doorbreken? Jazeker. Het is zelfs uiterst simpel. Zodra de ander achteroverhelt, hang dan niet – om het evenwicht te herstellen – ook achterover. Durf het risico te nemen om juist voorover te hangen. Met de ander mee te bewegen. Net als je denkt dat het schip ten onder gaat, zal zich een nieuw patroon kunnen ontwikkelen.

Hoe zouden bijvoorbeeld de man en vrouw in het eerdere voorbeeld het patroon kunnen doorbreken? Beiden zouden daartoe het initiatief kunnen nemen. Als zij de risico's van een kind zou benadrukken, zou hij ruimte ervaren om het te kunnen hebben over de leuke kant. Andersom geldt dat als hij juichend zou betogen hoe heerlijk het zou zijn kinderen te krijgen (en wel vandaag), zij daardoor ruimte zou voelen om te mogen aarzelen.

Als je eenmaal begrijpt hoe dit patroon werkt, zul je ook begrijpen waarom slechte pr soms tot een goede beeldvorming kan leiden, waarom de beste voorlichting kan bestaan uit het niets vertellen en hoe je een situatie kunt laten de-escaleren door boos te worden.

Ready for the ride?

Het gaat over uw zoon
Bill, hij zit de hele dag
achter de computer.
Wij maken ons grote
zorgen over zijn toekomst,
mevrouw Gates.

12
9
3
6

Bibberen

Een moeder heeft een grote stoere puberzoon, die ’s avonds niet moe en ’s morgens niet wakker te krijgen is. En dus komt hij voortdurend te laat op school. Als straf moest hij zich al meer dan vijftien keer om acht uur melden. De school dreigt nu met een verplicht bezoek aan de leerplichtambtenaar. En dus roept moeder hem elke morgen. Maar roepen is niet voldoende, een klein moment van onoplettendheid en hij is al weer in slaap gevallen. En zo staat zijn moeder midden in de winter elke ochtend vijf minuten naast zijn bed bibberend van de kou tot hij er echt uit is. Totdat ze op een dag een ingeving krijgt. Wat doet zij?

Het antwoord is achter in dit boekje te vinden.

Omdenken

Het tegenovergestelde van vastdenken is omdenken. Omdenken is een manier van denken om van een probleem juist een mogelijkheid te maken, van een bedreiging een kans of van een ramp een zegen. Bij omdenken ga je niet tegen de ander in, je zegt er niet ja-maar tegen, maar juist ja-en. Daar waar de essentie van contrasteren is dat je de ander niet accepteert, is het de essentie van omdenken dat je de ander juist wél accepteert. Inclusief het 'lastige' gedrag. Sterker nog, je maakt er gebruik van.

Alamo Drafthouse is een Amerikaanse bioscoopketen. Net zoals de meeste bioscopen hanteren zij de regel dat het niet toegestaan is tijdens de film te bellen of sms'en. Bezoekers die dat (na een waarschuwing) toch doen, worden uit de bioscoop verwijderd. Uiteraard levert dat boze klanten op. Regelmatig stonden er dan ook de verschrikkelijkste scheldkanonnades op het antwoordapparaat.

Normaal gesproken wil een bedrijf 'klantvriendelijk' zijn en zal men geneigd zijn deze boze telefoontjes vriendelijk te behandelen. Te contrasteren dus. Zo niet bij Alamo Drafthouse. Men besloot de strategie van het etaleren toe te passen. De heftigste reacties werden verwerkt tot een hilarisch filmpje, waarbij de teksten duidelijk hoorbaar en typografisch uiterst humoristisch in beeld gebracht werden. Wat was het gevolg? Het filmpje werd een hit op YouTube, Alamo Drafthouse genereerde een enorme hoeveelheid free publicity en 'en passant' kweekte men bij het publiek ook nog eens goodwill voor de maatregel om publiek dat telefoneert uit de bioscoop te verwijderen. Alamo Drafthouse was erin geslaagd de 'klachten' om te denken tot gratis reclame. Precies het tegenovergestelde van McDonald's, dat tegen betaling antireclame genereerde.

Dit boekje gaat niet zozeer over omdenken in zijn algemeenheid, het gaat over omdenken in communicatie. De omgang met de medemens. Wat is het motto? Heb je een boze klant, betweterige schoonzus of onhandelbaar kind? Stop met hen veranderen. Ze zijn wie ze zijn. En dat zal altijd zo blijven. Zoals klanten geneigd zijn te klagen of plezier te maken over een hashtag. Is dat erg? Nee. Denk het om. Verander hen niet, maar accepteer hen. Kijk niet naar wat je mist, dan zie je alleen de handicaps, beperkingen en gebreken. Kijk naar wie zc werkelijk zijn. Als je zo gaat kijken, dan zie je de kwaliteiten, mogelijkheden en talenten.

Een 'betweterige schoonzus' zou weleens degene kunnen zijn die uiterst ambitieus en liefdevol het vijftigjarig huwelijk van je ouders regelt. Heb je een kritische collega? Bevorder hem tot inspecteur of controleur. Hij zal zijn taak 'van nature' perfect uitvoeren. Het zit immers in zijn aard. Kortom, wie in jouw ogen eerst een probleem was, zou door anders te kijken weleens je goudmijn kunnen zijn. Dat klinkt mooi, maar dat gaat niet vanzelf. Om een goudmijn te vinden, zul je immers wel eerst moeten graven.

Je kunt de
golven niet
stoppen

maar wel
leren surfen
Lao Tse

Accepteren

De basisgedachte van omdenken – de ander volledig accepteren – roept een aantal vragen op. Moeten we elk gedrag accepteren? Moeten we lastig gedrag altijd 'omdenken', ook als we dat gedrag uiterst irritant of vervelend vinden? Het antwoord is natuurlijk 'nee'. Niets moet. Bovendien: omdenken is geen trucje om elk vervelend gedrag met een 'handige interventie' te veranderen in gewenst gedrag. Daar is de werkelijkheid vaak veel te weerbarstig voor. Daarom is het tijd voor een kleine nuance.

Wat helpt is om onderscheid te maken tussen 'accepteren' en 'berusten'. Stel, je partner kwetst je met vernederende opmerkingen. Zoiets begint vaak onschuldig. Stel, hij zegt: 'Koken is niet echt jouw ding, nietwaar?!' Een logische reactie op zo'n verwijt is contrasteren. Je wilt zijn gemoedstoestand veranderen. En dus doe je wat meer je best. Wat is daarvan het gevolg? Hij 'leert' dat zijn reactie effect op jou heeft. Kwetsen is blijkbaar een effectieve manier om jou te laten doen wat hij wil. Zo kan een zichzelf versterkend patroon ontstaan, zoals we dat hiervoor ook gezien hebben. Hij vernedert, jij doet je best, hij vernedert je nog meer, je gaat nog meer je best doen. Een vicieuze cirkel. Tot nu toe niets nieuws.

Wat gebeurt er nu op het moment dat je besluit dit gedrag van hem niet meer te veranderen, maar juist te accepteren?

Op datzelfde moment zul je stoppen met je best doen als hij jou verwijten maakt. Je beëindigt het patroon. Het resultaat is dat hij zijn zin niet meer krijgt. Heeft dit effect? Welnu, op de korte termijn meestal niet. Meestal leidt een patroondoorbraak eerst tot een verergering van het probleem. Stel je maar voor dat je hem bent. Hij kwetst je, maar jij reageert niet. Wat is dan zijn neiging? Aangezien hij geleerd heeft dat hij met kwetsen zijn zin zal krijgen, zal hij er een schepje bovenop doen.

Als jij echter stug volhoudt het patroon niet meer 'te voeden' door alsnog je best te doen, zijn er twee opties. Of je besluit de relatie met hem te verbreken. Niet omdat je hem wilt veranderen, maar juist omdat je daarmee gestopt bent en hem 'accepteert' zoals hij is. Als dit is wie hij werkelijk is, dan pas jij niet bij hem. De andere optie is dat het vervelende gedrag uitdooft. Als je van hem kunt houden inclusief deze nare eigenschap, is de kans groot dat het vervelende gedrag vanzelf uitdooft. Jij stopt er immers mee het van brandstof te voorzien.

Tot slot. Niemand is perfect. Iedereen heeft zo zijn rafelrandjes. De ander is niet perfect, jij bent niet perfect. En dat is perfect. Er zijn geen 'affe' mensen. Er is niks mis met accepteren dat er een probleem is dat niet opgelost hoeft te worden. Het woord dat daar het beste bij past is niet 'berusting' maar 'erkenning'. Van mensen houden inclusief hun 'lastige' gedrag. Het lastige gedrag omarmen. Die houding kan een helend, transformerend effect hebben. De vraag is alleen: hoe doe je dat, mensen erkennen?

Krijsen

Een moeder stapt met haar peuter in de trein. Gehaast, tassen, drukte. Een uitgelezen moment voor de peuter om dus eens lekker op de grond te gaan liggen krijsen. De moeder schaamt zich natuurlijk dood, want de halve coupé draait zich om en kijkt geïrriteerd of op zijn minst meewarig naar hoe de moeder haar dochter niet onder controle weet te houden. Wat zou je als moeder in deze situatie kunnen doen?

Het antwoord is achter in dit boekje te vinden.

Erkennen

We weten nu dat omdenken begint met accepteren van de ander en de ander zien als een goudmijn. De vraag die dat oproept is logischerwijs die van het 'hoe'. Hoe doe je dat? Hoe ziet dat 'accepteren' er in de praktijk uit? Laten we om die vraag te beantwoorden, beginnen met de (ogenschijnlijk) eenvoudigste benadering – de term is hiervoor al gevallen: de ander erkennen. Zodra mensen zich volledig erkend weten, verdwijnt de hardnekkigste weerstand vaak als sneeuw voor de zon.

Wat is erkenning precies? Heeft het te maken met complimenten geven of waardering uitspreken? Nee. Integendeel. Erkenning is fundamenteler. Eenvoudiger ook. In theorie simpeler. Maar in de praktijk ingewikkelder. De ander erkennen betekent in mijn definitie dat de ander mag denken wat hij denkt, mag voelen wat hij voelt, kortom mag zijn wie hij is en dat jij dat geheel kunt omarmen. Dat je je met de ander kunt verbinden, inclusief datgene waarvan je geneigd bent het als 'probleem' te definiëren. Zoals een moederzwaan haar vleugels beschermend uitspreidt over haar onhandige, kwetsbare jongen.

Als er problemen zijn, zijn we geneigd te handelen. In te grijpen. Iets te doen. Op die manier de strijd aangaan met de werkelijkheid leidt bijna altijd tot een win-verliessituatie. Jij wint, de ander verliest. Of nog erger, meestal is er sprake van een verlies-verliesscenario: als je de strijd 'wint' is de kans namelijk groot dat de verliezer op termijn alsnog zijn gelijk zal willen halen of, nog erger, wraak zal willen nemen.

Wat we vergeten, is dat nogal wat mensen zichzelf prima kunnen redden. We hoeven ze niet te dwingen voor ons te buigen. Door de ander te erkennen kunnen conflicten vaak zeer galant tot nieuwe mogelijkheden omgebogen worden.

Zo vertelt een vrouw over haar dochter die volgens moeder de 'befaamde peuterpuberteit' bereikte. Tot voor kort at haar dochter alles. Op een dag ontdekte ze dat ze eten ook kon weigeren. Het laatste wat moeder wilde was hierover in een strijd verwikkeld raken.

'Binnen onze familie is de maaltijd ook een sociale gebeurtenis, we vinden het heerlijk om te koken, te genieten van het eten en het samenzijn. Als ik mijn dochter zou dwingen, zou eten niet meer gezellig zijn, maar gelijkstaan aan strijd. Ik besloot het over een andere boeg te gooien: ze hoefde niet te eten als ze niet wilde. Maar ja, mijn dochter is een gezelligheidsdier en kwam wel regelmatig bij de tafel staan. Elke keer als dat gebeurde, zei ik tegen haar: "Je hoeft niet te eten, lieverd. Ga maar lekker spelen, als we klaar zijn, komen we bij je. Ik ga nu verder eten met papa." Bij de tussendoortjes sloegen we haar over en we zeiden zorgzaam: "Jij hoeft niet, hoor." Ik was er echt van overtuigd dat het háár beslissing moest zijn om weer te gaan eten. 's Ochtends maakte ik voor mezelf ontbijt klaar, en zonder wat te zeggen of te vragen ging ik aan tafel zitten. Op een ochtend liep ze naar me toe en vroeg ze of zij ook mocht mee-eten. Ik reageerde met: "Gezellig!" en maakte een boterham klaar. Vanaf dat moment heeft ze geen maaltijd meer overgeslagen en haar lust tot nieuwe dingen proeven heeft ze behouden. Inmiddels is ze negen jaar en helpt ze me met koken.'

Naar mijn overtuiging werkte de interventie van de moeder zo goed omdat ze gedurende de gehele zoektocht haar dochter bleef erkennen. Ook op het moment dat ze alsnog besloot mee te eten. Hoe verleidelijk is het op zo'n moment wel niet om als ouder je gelijk te halen door geïrriteerd te reageren met: 'Nou hoeft het niet meer' of: 'Zie je wel dat je wel mee wilt eten.' Toch deed de moeder dat niet. Ze hield de verbinding met haar dochter toen ze alles at, ze hield de verbinding toen haar dochter niet meer mee wilde eten en ze hield ook de verbinding toen haar dochter besloot weer wél mee te eten. Al die tijd gaf ze haar dochter het gevoel: 'ik hou van je zoals je bent'. Wat is er heerlijker dan te weten dat mensen je erkennen, dat ze van je houden zoals je bent? Zonder commentaar, kritiek of cynisme.

Dit alles roept een volgende vraag op. Hoe communiceren wij erkenning precies? Hoe vertalen we dat in gedrag? Het aardige is dat wat dat betreft de neurowetenschap een belangrijke ontdekking heeft gedaan. Een ontdekking die zo belangrijk is dat de neuroloog Vilayanur Ramachandran zelfs beweerde dat zij voor de psychologie even belangrijk is als de ontdekking van het DNA voor de biologie.

Er was eens een meisje dat erg veel last had van het geroddel van een klasgenote. Elk geheim dat haar in vertrouwen werd verteld, vertelde ze smakelijk door aan de hele klas. Er was alleen één ding dat de klas niet wist van het meisje waar dit verhaal over gaat: ze wilde voor haar geaardheid uitkomen en wat ze in ieder geval niet wilde was het duizend keer uitleggen. Dus wat deed ze? Ze vertelde haar 'geheim' aan de roddelaarster. Binnen de kortste keren wist de hele klas het. Precies wat ze hoopte. En de reacties? Zonder uitzondering positiever dan ze had durven dromen.

Spiegelen

Pas sinds de jaren negentig van de vorige eeuw, met een toevallige ontdekking tijdens een onderzoek bij makaken, weten we dat het menselijk brein beschikt over neuronen die neurobiologen als 'spiegelneuronen' omschrijven. Deze neuronen zorgen ervoor dat we voelen wat de ander voelt en doen wat de ander doet.

Te kunnen voelen wat de ander voelt, je in de ander kunnen inleven, behoort tot onze hardware. We worden ermee geboren en gaan ermee dood. Zo beschreef wetenschapper Andrew Meltzoff een baby die al na 41 minuten feilloos een uitgestoken tong wist te imiteren. Spiegelneuronen verklaren waarom we intens met een voetbalwedstrijd meeleven, met hoge stemmetjes onze pasgeboren baby's imiteren en sympathie voelen voor de slachtoffers van een natuurramp.

We leven met anderen mee en zodra we dat doen, zullen we elkaar spontaan fysiek spiegelen. We voelen wat de ander voelt, we doen wat de ander doet. Spiegelen ligt aan de basis van ons vermogen om te communiceren.

Zoals gezegd, de neuroloog Vilayanur Ramachandran was zo onder de indruk van de werking van spiegelneuronen dat hij voorspelde dat ze voor de psychologie net zo belangrijk zouden worden als DNA dat voor de biologie is.

Hij voorspelde dat de ontdekking van deze neuronen een totaal ander licht zou laten schijnen op zaken als autisme, ADHD en dyslexie.

Spiegelen, in de betekenis van 'meeleven met de ander', doen we automatisch. Als mensen elkaar mogen, ontstaat het vanzelf. Zo wisten we bij het maken van dit boekje dat er prachtige gespiegelde foto's bestaan van Gorbatsjov en Reagan. We hoopten dat we een enkele foto daarvan konden vinden voor dit boekje. Wat bleek bij het zoeken naar foto's? Bijna álle foto's met Gorbatsjov en Reagan vertonen extreme tekenen van symmetrie. Het leek wel alsof ze bewust poseerden. Hadden ze een cursus spiegelen gevolgd? Nee, natuurlijk niet. Het omgekeerde was het geval. Hun sympathie voor elkaar was zo groot dat spiegelen daarvan het logische gevolg was.

Een van de belangrijkste inzichten op het gebied van communicatie is dan ook het gegeven dat spiegelen niet alleen spontaan plaatsvindt, als we sympathie voor elkaar voelen, maar dat we het ook bewust kunnen gebruiken. Om sympathie te creëren.

Een vmbo-leraar had een meisje in zijn klas dat niet wilde werken. Als iedereen aan het werk ging, keek zij stoïcijns voor zich uit en deed ze niets. Op een dag ging de leerkracht naast haar zitten. 'Wat komt u doen?' vroeg ze. 'Nietsdoen, net als jij,' zei de docent ontspannen. Wat deed ze na twee, drie minuten? Ze glimlachte, pakte een pen en ging aan het werk.

De volgende les gebeurde er iets nieuws. Toen iedereen aan het werk ging, liep het meisje naar voren en ging ze achter de lessenaar van de docent staan. 'Wat kom je doen?' vroeg de docent. 'Lekker werken, net als jij,' antwoordde ze. De docent schoot in de lach en zij ook. Ze hadden een klik.

Wat was het effect? De rest van het jaar deed het meisje gewoon met de klas mee, terwijl ze bij alle andere docenten nog steeds consequent weigerde om opdrachten te doen. Toen de docent haar een keer vroeg naar het 'waarom', antwoordde ze: 'U bent tenminste normaal, die anderen zijn allemaal zeikerds.'

Het begrip 'spiegelen' roept mogelijk veel vragen op. Is het geen truc? Valt het niet op? Ben je dan wel 'jezelf'? Autoverkopers leren toch te spiegelen, waarom zou ik dat ook moeten doen, ik heb toch niks te verkopen?

Die vragen zijn begrijpelijk. Ze uitgebreid beantwoorden valt helaas buiten de ruimte die dit boekje biedt. Wat ik er wél over kan zeggen, is dat het vooral gaat om de intentie om oprecht contact te leggen met de ander. Mogelijk ben je bekend met het uit de communicatieleer afkomstige begrip 'emotionele reflectie'. Er wordt mee bedoeld dat wij als gesprekspartner de emotie van de ander benoemen, reflecteren in taal. Je kent het wel van getrainde psychiaters, psychologen of therapeuten. 'Goh, ik zie dat je boos bent.' 'Ik heb het idee dat dit je ontroert, klopt dat?' Ik krijg een beetje de rillingen over mijn rug van dit soort teksten. Waarom? Omdat de ander zich gedraagt als een observator van jouw gevoelsleven. Het roept het beeld op van een voetballer die zich een slag in de rondte werkt en een criticus die ondertussen vanaf de tribune beschrijft wat hij ziet. Door dit soort opmerkingen voel je je beoordeeld en bekeken. Maar op zich is de intentie van deze benadering natuurlijk niet slecht. Als je het goed doet, kunnen mensen zich echt gezien voelen. Maar hoe precies je ook de emotie van de ander omschrijft, het hoogste wat je ermee bereiken kunt is dat de ander hoort dat jij hebt begrepen hoe hij of zij zich voelt. Horen-begrijpen-voelen.

Op een integere manier spiegelen kan een veel directer effect bewerkstelligen. Door goed en vooral oprecht te spiegelen, kun je de ander – het klinkt wat cryptisch, maar simpeler kan ik het niet zeggen – laten voelen dat jij voelt wat hij of zij voelt. Voelen-voelen-voelen.

Spiegelen kun je dan ook beschouwen als de hoogste vorm van erkenning. Mensen mogen zijn wie ze zijn. Ze zien zichzelf in jou weerspiegeld. Jij bent net als zij. Je bent één van hen en één met hen.

Proefwerk

Maaike krijgt op de middelbare school haar proefwerken vaak niet op tijd af. Ze maakt zich zorgen en het probleem lijkt steeds erger te worden. Ze heeft steeds vaker een onvoldoende, simpelweg omdat alle niet-beantwoorde vragen per definitie fout worden gerekend. Het dilemma is alleen: hoe meer zorgen ze zich erover maakt, hoe meer tijd ze nodig heeft. Hoe zou je, als je haar leraar was, dit probleem kunnen omdenken?

Het antwoord is achter in dit boekje te vinden.

Ronald Reagan en Michail Gorbatsjov in 1984

Een groepje skaters veroorzaakte overlast volgens een aantal buurtbewoners. Ze maakten lawaai, hadden muziek bij zich en trokken zich weinig aan van verzoeken het iets rustiger aan te doen. De situatie dreigde te escaleren, totdat een van de bewoners het over een andere boeg gooide. Op een dag pakte hij een campingstoel en posteerde hij zich op kijkafstand van de skaters.

'Wat zit je te kijken?' vroegen de skaters. 'Ik geniet van wat jullie allemaal kunnen,' antwoordde de man oprecht, 'ik wou dat ik dat nog kon.' Niet veel later zat er een groepje buurtbewoners, die gezellig keuvelend naar de jongeren keken. Als ze iets bijzonders zagen, gaven ze zelfs applaus, waardoor de jongeren zich uitgedaagd voelden nog wat meer uit de kast te halen. De volgende dag en ook de dagen erna herhaalde dit ritueel zich.

Het gevolg? Binnen de kortste keren verzoenden de twee groepen zich met elkaar. De jongeren gingen vanzelf wat meer rekening met de buurt houden, de klachten verdwenen en toen niet veel later een eindje verderop een skateparkje werd geopend en de skaters verdwenen, vonden de meeste buurtbewoners dat zelfs jammer.

Rolverwisselen

Kan het nog mooier dan communiceren van hart tot hart? Ik denk het wel. Eerder gebruikte ik het beeld van de twee mensen die op een roeiboot aan tegenovergestelde zijden van de boot hangen. Hoe meer de een naar achteren helt, des te meer is de ander geneigd om – teneinde het evenwicht te herstellen – ook naar achteren te hellen. Het effect is dat de boot dan wel in evenwicht blijft, maar de prijs die beiden moeten betalen voor dit patroon is dat de standpunten steeds meer verharden en dat de kloof tussen beiden steeds groter wordt.

De snelste manier om het patroon te doorbreken is niet ook naar achteren bewegen, maar juist naar voren. Naar de ander toe bewegen. Op dat moment dreigt de boot om te slaan. Als een van de twee naar voren helt, heeft de ander – om de boot in evenwicht te houden – eigenlijk geen enkele andere optie dan ook naar voren bewegen. Om die reden noem ik deze benadering de strategie van het rolverwisselen. Het bijzondere van deze benadering is dat die zo contra-intuïtief is.

Alles in je zegt: 'Hel achterover, hou afstand, zorg voor veiligheid.' Tegelijkertijd ligt deze benadering in het verlengde van erkenning en spiegelen: wat is er mooier voor de ander dan dat jij bereid bent je volledig in zijn of haar positie te verplaatsen?

Laat ik het over mezelf hebben. En mijn moeder. We hebben geen makkelijke verstandhouding. Een van de dingen waar ik last van had, was het feit dat we beland waren in een patroon waarin zij, als we elkaar belden, voortdurend praatte en ik eigenlijk alleen maar vragen stelde. Helaas werden die vragen met nog meer verhalen beantwoord. Als ik al een keer iets vertelde – wat ik dus altijd uit mezelf moest doen – beantwoordde ze mijn verhaal altijd onmiddellijk met een eigen verhaal, dat meestal niets of nauwelijks iets met het voorgaande te maken had. Et cetera ad infinitum.

Het patroon frustreerde me. Waarom stelde zij nou nooit eens vragen aan mij?! Totdat ik bedacht dat ik het ook om zou kunnen keren. Waarom zou ik wachten tot zij zou veranderen? Wat zou er gebeuren als ik precies hetzelfde zou doen als zij? Gewoon praten. Associatief. Van de hak op de tak. Dat besloot ik te doen. Ter voorbereiding maakte ik, voordat ik haar belde, een lijstje met gespreksonderwerpen. Uiteraard selecteerde ik die verhalen waar zij zich een voorstelling bij kon maken: een bekeuring voor te hard rijden of een boom in de straat die was omgewaaid.

De volgende keer dat zij belde, stak ze – als vanouds – van wal. Maar nog voordat ze was uitgesproken, viel ik haar in de rede met: ‘Dat heb ik nou ook’, om vervolgens het bovenste verhaal van mijn lijstje te vertellen. Ik merkte meteen dat zij van haar à propos was. Ze luisterde. Lang duurde dat echter niet. Nog voordat ik was uitgesproken, kwam zij met een nieuw verhaal. Gelukkig had ik mijn lijstje. Voordat zij goed en wel uitgesproken was, kwam ik met mijn volgende verhaal.

Zo pingpongden we verder. Het gesprek had nauwelijks structuur, ging van de hak op de tak. Tegelijkertijd was het een zeer levendig gesprek. Ik genoot ervan. De grootste beloning kwam de week erop. We belden elkaar opnieuw. Zij begon het gesprek tot mijn verbazing met een vraag. Hoe het eigenlijk was afgelopen met die bekeuring. Ik beantwoordde haar vraag en sloot af met het compliment: 'Wat attent dat je daarnaar vraagt', waarop zij – tot mijn stomme verbazing – antwoordde met: 'Ja, omdat je me eindelijk eens wat vertelde.'

Bovenstaand voorbeeld zou ik kunnen aanvullen met letterlijk honderden verhalen waarbij een soms jarenlang bestaand patroon op een heilzame manier doorbroken wordt doordat een van beide partijen van rol wisselt. Denk aan een leidinggevende die een gedemotiveerde medewerker verbaast door te stoppen met hem te motiveren en in plaats daarvan iets zegt als: 'Dat je het nog volhoudt, in jouw positie zou ik allang gestopt zijn.' Of een verkoper die een klant provocatief aanspreekt door verrast op te merken: 'Als ik jou was, zou ik allang naar de concurrent gegaan zijn.' Of een leraar die zijn leerlingen niet vraagt of ze het begrepen hebben, maar of hij het wel goed heeft uitgelegd.

Rolverwisselen is om die reden per definitie ontregelend. Hoe vastgeroester het patroon is, des te verrassender is het om de positie van de ander in te nemen. Er is echter een benadering die nog ontregelender werkt. Vreemd genoeg is die niet de ander in verwarring brengen of provoceren, maar de ander juist uiterst serieus nemen. De grap is dat mensen daar vaak totaal niet op ingesteld zijn.

Een huisarts in Watford City, North Dakota, kreeg een klein meisje als patiënte. Ze leed aan een heftige angst voor monsters. Hij luisterde serieus naar haar verhaal en schreef haar vervolgens een spray voor. Op de flacon plakte hij een officieel ogende sticker met daarop de tekst MONSTER SPRAY. De handleiding op de flacon vermeldde verder: 'spray around the room at night before bed, repeat if necessary'. Blij nam het meisje de flacon in ontvangst. Binnen enkele weken was haar angst verdwenen.

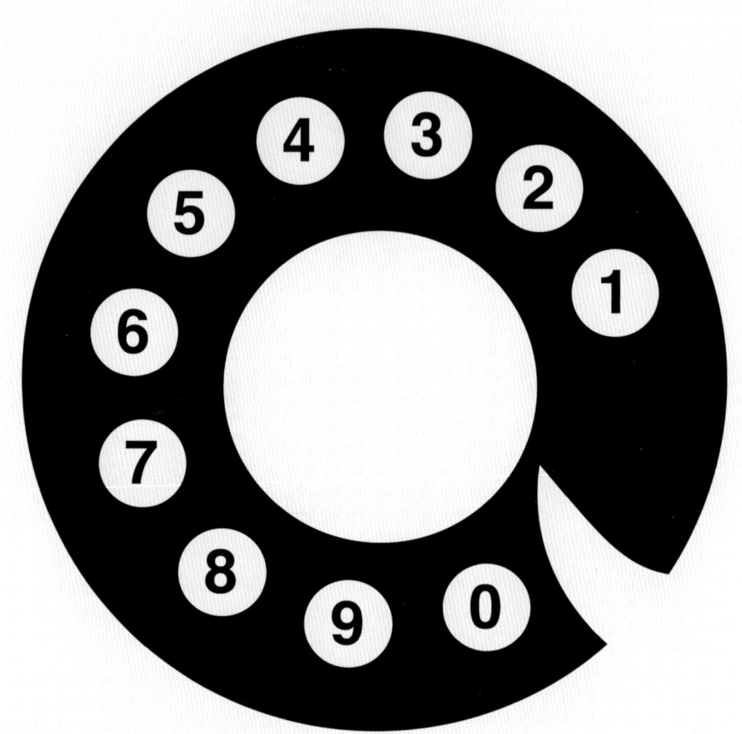
1
2
3
4
5
6
7
8
9
0

Tijdens het eten ging de telefoon. Een callcenter. Een keurige meneer wilde mij omstandig iets verkopen waar ik geen behoefte aan had. 'Sorry meneer,' onderbrak ik de man, 'u belt mij op dit moment niet zo gelegen, maar ik ben zeer geïnteresseerd in uw aanbieding. Zou ik u vanavond om een uur of tien even terug kunnen bellen?' 'Helaas,' antwoordde de man, 'dat zal niet gaan, dan werk ik niet meer.' 'Maar dat geeft toch niet,' vervolgde ik, 'dan geeft u toch gewoon uw mobiele nummer?' 'Mijn mobiele nummer?' antwoordde de man. 'Dat is toch privé?' 'Maar u belt mij toch ook privé, we zijn toch vrienden, daar gaan we toch verder niet moeilijk over doen?' beargumenteerde ik. Na nog eenmaal aandringen of ik toch echt niet zijn nummer mocht hebben, hing hij snel op en kon ik ongestoord verder eten.

Respecteren

Een vervelende passagier in een vliegtuig wil bij het opstijgen zijn veiligheidsriem niet omdoen. De stewardess vraagt hem waarom niet. De man antwoordt stoïcijns: 'Ik ben Superman, met mij kan niks gebeuren.' De stewardess antwoordt even stoïcijns: 'Superman zou hier nooit zitten. Superman kan zelf vliegen.' Hoe reageert de man? Hij schiet in de lach en doet zijn gordel om.

Zoals gezegd, mensen zijn overal op voorbereid, behalve op serieus genomen worden of volledig gelijk krijgen. Denk maar aan zo'n situatie van een man die iemand wil aanvliegen, maar door zijn vrienden wordt tegengehouden. De man roept wel: 'Laat me los, laat me los, ik sla die gast helemaal in elkaar', maar eigenlijk wil hij natuurlijk wél tegengehouden worden.

Mensen respecteren kan dan ook vaak een verrassend effect hebben. Waar je last van hebt, kan opeens verdwijnen. Door met iets mee te bewegen, is het weg. Denk maar aan zo'n irritant wijsje dat je niet uit je hoofd kunt krijgen. Een oorwurm wordt het genoemd. Om ervan af te komen, heeft het weinig zin om jezelf de instructie te geven dat je er niet aan mag denken.

Dat is net zoiets als tegen jezelf zeggen dat je niet aan een gifgroene pinguïn moet denken.* Wat is volgens musicoloog Henkjan Honing de beste manier om van een oorwurm af te komen? De melodie hardop meezingen. Van begin tot eind.

Op een dag had de moeder van John Cleese last van een uiterst depressieve bui. Ze zag het leven niet meer zitten. Als het aan haar lag maakte ze er liever vandaag dan morgen een einde aan. Goedgemutst bood John zijn hulp aan. 'Ik heb een idee. Ik ken een mannetje in Fulham, ik ga naar hem toe, geef hem wat geld en dan vermoordt hij je.' Er volgde een korte stilte, daarna kwam zijn moeder niet meer bij van het lachen. Vanaf dat moment hadden John en zijn moeder om de zoveel tijd een vaste dialoog. Als zij zich niet zo goed voelde, hoefde hij slechts serieus voor te stellen: 'Shall I call the man?' en haar antwoord was dan steevast: 'No, I've got cocktails on Friday.'

Behalve dat de strategie van het respecteren het vermogen heeft een situatie te laten kantelen, kun je er ook op een verrassende manier diepgaand contact mee maken. Ik werkte aan een theaterproject met dak- en thuislozen in het kader van Rotterdam Culturele Hoofdstad van Europa 2004. Tijdens de repetities raakte Francisca, een van de deelnemers, plotseling enorm gestrest van het hele proces.

---

* Meestal wordt hier het beeld gebruikt van de roze olifant. Helaas hebben inmiddels al heel wat mensen daar al niet aan gedacht. Niet zo origineel, dus. Ik heb daarom liever dat je niet aan een gifgroene pinguïn denkt. Denk je tenminste aan iets heel anders niet. De gifgroene pinguïn. Heb je hem? Niet?

Ze flipte. Woedend en verdrietig sprak ze haar angst uit. ‘Volgens mij roddelen jullie de hele tijd over mij, ik heb het gevoel dat ik er niet echt bij hoor.’ In plaats van haar gerust te stellen, beaamde ik haar angstgevoelens. ‘Dat klopt, je hebt gelijk, elke dag bel ik met mijn vrouw om over je te praten. Ook met mijn moeder trouwens. En kinderen.’ ‘Je neemt me toch niet in de maling,’ sprak ze boos. ‘Ik neem jou heel erg in de maling,’ antwoordde ik even boos, ‘maar als jij wilt dat hier eenden over tafel vliegen, dan vliegen hier toch eenden over tafel?!’ Het was even stil. ‘Dat jij mensen niet vertrouwt, dat is misschien iets psychisch. Ik weet het niet, daar heb ik niet voor doorgeleerd. Ik weet wel dat jij, ook met dit rare gedoe, helemaal bij deze groep hoort.’ Francisca deed haar best boos te blijven. Ik vervolgde: ‘Maar ik wil je wel helpen. Ik stel voor dat iedereen zich uitspreekt over waarom Francisca níét bij deze groep past. Rondje!’ En zo sprak iedereen zich uit. ‘Ik vind haar irritant,’ zei de eerste. ‘Ik mag haar gewoon niet, daarom,’ sprak de tweede. We gingen door tot we bij Francisca waren. ‘En, wat vind jij, mag Francisca blijven?’ vroeg ik. Ze schoot in de lach. Zo serieus als ze kon zei ze: ‘Ik vind haar een akelige figuur, maar ze krijgt het voordeel van de twijfel.’ Groot applaus van de groep. Of Francisca ‘genezen’ is weet ik niet, eigenlijk interesseert het me ook niet zo. Wat ik wel weet is dat ze tot de laatste voorstelling heeft meegedaan, als volwaardig lid van de groep, en dat zij met haar tragische, ontroerende en bizarre levensverhaal op veel mensen een onuitwisbare indruk heeft gemaakt.

Voormalig worstelaar en leider van de Ku Klux Klan-afdeling Oklahoma Johnny Lee Clary zocht voortdurend het conflict met de zwarte prediker Wade Watts, leider van de National Association for the Advancement of Colored People (NAACP). Clary deed voortdurend pogingen om Watts uit zijn evenwicht te krijgen. Tijdens een van deze aanvallen belaagde Clary, samen met zo'n dertig in witte KKK-pakken met dito puntmutsen geklede broeders, Watts in een restaurant. Watts stond op dat moment net op het punt een gebraden kip te verorberen. 'Alles wat je met die kip doet,' sprak Clary dreigend uit, 'zullen wij ook met jou doen!' Er viel een korte stilte. Dertig man wachtten af hoe Watts zou reageren. Wat deed hij? Hij kuste de kip! Dertig man bulderden van het lachen. Woedend stuurde Clary zijn mannen naar buiten.

Ontregelen

Wat is de meest voor de hand liggende manier om een patroon te beïnvloeden? Het totaal ontregelen. Dat kan, zoals we hiervoor zagen, door de ander te respecteren. Het kan ook door een volledig onlogische ingreep plaats te laten vinden. Het is zoals Paul Arden zegt: 'Als een probleem onoplosbaar lijkt, komt dat doordat je je aan de regels houdt.'

Een verpleegkundige werkt op de afdeling voor spoedeisende psychiatrie met verwarde en vaak agressieve patiënten. Soms zijn er wel zes medewerkers nodig om één patiënt in bedwang te houden en in de separeercel te zetten. Het zit de verpleegkundige niet lekker. Dus bedenkt hij een plan. Als bij een agressieve patiënt de stoppen doorslaan, vraagt hij hem vriendelijk, met een onvervalst Brabants accent: 'Lusde gij een worstenbroodje?' Overdonderd door de totaal onverwachte vraag ontdooien de meeste patiënten ogenblikkelijk. Het gebruik van de isoleercel is drastisch afgenomen – soms staat deze zelfs weken leeg.

De potentie van de strategie van het ontregelen kan niet onderschat worden. Als het gaat om communicatie hangt alles aan elkaar van de regels, overtuigingen en aannames. Met de strategie van het ontregelen beschik je over een uiterst effectief middel om vastgeroeste patronen te doorbreken.

Een man komt bij psycholoog Jeffrey Wijnberg. Wijnberg staat bekend als een 'provocatief psycholoog'. De man ziet er moe, onverzorgd, slecht gekleed en futloos uit. Hij beklaagt zich tegen Wijnberg: 'Ik weet niet of mijn vrouw nog wel van mij houdt.' Waarop Wijnberg antwoordt: 'Hebt u nog een vrouw dan?' De man begrijpt de vraag niet. 'Nou,' antwoordt Wijnberg, 'als ik zie hoe onverzorgd u mijn spreekkamer binnenkomt, ben ik verbaasd dat er een vrouw is die nog bij u wil blijven. Vertel eens, hoe doet u dat?' 'Ja maar,' antwoordt de man, 'ik kom hier niet om erover te praten waarom mijn vrouw nog bij me blijft.' 'Luistert u eens, meneer,' antwoordt Wijnberg met groot vertoon van gezag, 'ik ben hier de psycholoog, ik zal toch wel weten welke vraag de beste is. Dus vertel, hoe doet u dat?'

Als het gaat om de strategie van het ontregelen is de provocatieve psychologie een interessante inspiratiebron. De grondlegger van deze frisse en controversiële stroming in de psychologie is de Amerikaan Frank Farrelly. In 1974 schreef hij het boek *Provocative Therapy*, waarin de beginselen van de beweging uiteengezet worden. Een aantal principes uit de provocatieve psychologie zijn voor de strategie van het ontregelen zeer bruikbaar.

Allereerst de zogenaamde *red-green color blindness*. Deze techniek is gebaseerd op het inzicht dat als een cliënt ergens graag over praat (als het ware groen licht geeft), de psycholoog daar dus bijna per definitie niet op ingaat.

Andersom geldt dat als een cliënt ergens liever niet over praat (als het ware rood licht geeft), de psycholoog dit onderwerp des te interessanter vindt. Het voorbeeld hiervoor is daar een treffende illustratie van. De cliënt wil graag praten over de vraag of zijn vrouw nog wel van hem houdt. Wijnberg agendeert ogenblikkelijk een ander onderwerp: hoe de cliënt het voor elkaar krijgt in zijn abominabele staat van zijn überhaupt nog een partner te hebben. Het feit dat de cliënt dit een onbehaaglijk onderwerp vindt – rood licht geeft, als het ware – is voor Wijnberg des te meer reden om hierop door te gaan. 'Dus vertel, hoe doet u dat?'

Een andere techniek uit de provocatieve psychologie is die van het wipwappen. Deze benadering vertoont verwantschap met de strategie van het rolverwisselen. De techniek is gebaseerd op het feit dat wij allemaal te maken hebben met innerlijke tegenstrijdigheden. We willen vrij zijn, maar ons ook binden. We willen de veiligheid van een gegarandeerd inkomen, maar voelen ook de behoefte aan vrijheid.

De meeste therapeuten zullen een dergelijk innerlijk conflict benaderen als neutrale toeschouwer, de objectieve analist. Zo niet de provocatief psycholoog. Hij kiest met groot gevoel voor theater voor één van de twee posities. 'Je binden?! Moet je niet doen. Dan stik je!' Wat is waarschijnlijk het gevolg van deze benadering? De cliënt zal die positie gaan verdedigen. 'Maar ik wil me best wel binden.' Hoe reageert de psycholoog vervolgens? Die beweegt daar extreem in mee. 'Binden is heerlijk. Waarom avontuur?

Liever vastigheid. Weten wanneer je pensioendatum ingaat. Vrijheid is ook zo'n overdreven concept.' Ook nu geldt dat als de psycholoog maar volhardt, de kans groot is dat de cliënt terug zal wipwappen naar de eerdere positie.

Door de provocatieve stijl van benaderen zegt de coach in veel gevallen – intuïtief, min of meer per ongeluk, maar soms ook expres – datgene wat de cliënt vaak ten diepste denkt. Jeffrey Wijnberg zegt daarover: 'De coach zegt soms dingen die de cliënt maar nét zelf durft te denken. En dat geeft vaak een heel speciaal contact. Je hebt als cliënt het gevoel dat de coach je kent in het diepst van je gedachten.'

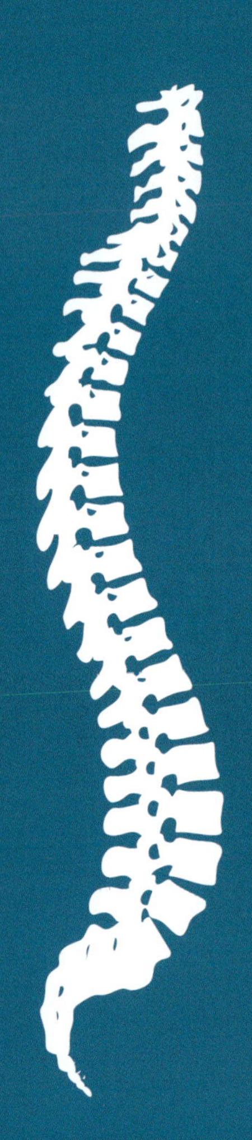

Hij doet het niet meer

Een dominante eigenaar-directeur van een groot bedrijf heeft last van zijn rug. Hij komt bij de dokter. De eerste zin van de man luidt: 'Ik heb last van mijn rug. Hij doet het niet meer.' De dokter onderzoekt de rug en kan totaal niets vinden. Eén ding weet hij wel: deze man werkt gewoon te hard. Tijdens het consult blijkt dat hij zes dagen per week, twaalf uur per dag werkt. De arts beseft dat dit de oorzaak is van zijn rugproblemen en dat het enige zinvolle advies dat hij hem kan geven dus is om minder te werken. Maar ja, de dokter snapt dat de man nogal eigenwijs is. Het advies rustiger aan te gaan doen heeft de man waarschijnlijk al honderden keren gehoord. En dus pakt de dokter het radicaal anders aan. Wat doet hij?

Het antwoord is achter in dit boekje te vinden.

Ja

Met de ander meebewegen, ja zeggen tegen de ander, lijkt misschien makkelijk, toch is het in de praktijk best lastig. We zijn vaak zo met onszelf bezig, met onze doelen, belangen en emoties, dat we de ander niet waarnemen zoals hij is, maar zoals hij zou moeten zijn. We zijn niet gericht op de overeenkomsten, we zijn vooral bezig met de verschillen. We willen de ander veranderen. En dat geeft spanning en stress. Voor alle betrokken partijen. Het is de kunst de ander te accepteren zoals hij of zij is. 'Ja' te zeggen tegen de ander. En vooral klein te beginnen. Een voorbeeld.

Mark stond op het punt om met zijn vrouw de deur uit te gaan. Hij vertelt: 'Het was tijd om te vertrekken, maar ik moest wachten tot zij klaar was. Ik werd ongeduldig, maar besloot een andere keuze te maken. Ik ging erbij zitten en gaf met een glimlach te kennen dat ik het prima vond om nog even te wachten. Mijn vrouw zag snel genoeg dat dit geen normaal tafereel was. Ze moest lachen en deed haar best om me zo kort mogelijk te laten wachten. Er ontstond een spel. We gingen al glimlachend de deur uit. Door een andere benadering geen frustratie, maar vreugde. Kostte het ons tijd? Nee. Het leverde ons tijd op. Wat een wereld van verschil.'

Omdenken middels communicatie begint ermee dat je de ander diepgaand accepteert. Met alles erop en eraan. Niet door te zeggen: 'Ik accepteer je', maar door je er ook naar te gedragen. Heeft je partner tijd nodig? Dan krijgt ze de tijd! Simpel.

De essentie van dit boekje over omdenken in communicatie zou je dan ook kunnen vatten in de oproep 'ja' te zeggen tegen de ander. Als iemand iets zegt, voorstelt, probeert, hoopt, denkt, kortom wil, zeg voluit en zonder aarzelen: 'Ja!' Zeg het duidelijker, sterker en onvoorwaardelijker dan mensen bewust vragen, meer dan ze verwachten, meer zelfs dan ze durven te dromen. Als we dat doen, worden de verschillen tussen ons en de ander kleiner en de overeenkomsten groter. Om die reden zou je ook kunnen zeggen dat 'ja' de taal van de verbinding is. Het communiceert van hart tot hart. Het is liefde in actie.

De sleutel tot een liefdevolle relatie ligt in de volledige acceptatie van de ander. Zonder oordeel, belang of goedbedoelde hulpvaardigheid. Vanaf het moment dat we de ander accepteren zoals hij of zij is, sterker nog, de ander misschien nog wel méér accepteren dan de ander zichzelf accepteert, vanaf dat moment is er sprake van een omkering der dingen. Een irritant kind blijkt uiterst getalenteerd te zijn. Een arrogante buurman juist ambitieus en gedreven. Een pietje-precies een inspirerend rolmodel. Zoals een rups zich ontpopt tot een vlinder.

Oudergesprek

De leraar reageert in een fractie van een seconde. Hij vraagt op dezelfde toon als die waarmee de vader het lokaal binnenstormt: 'Heb je soms een ziekte?' Uiteraard is de vader uit het veld geslagen. 'Ziekte,' antwoordt hij verbaasd, 'hoe bedoel je?' 'De ziekte van Heineken,' antwoordt de docent op serieuze toon. Het gevolg? De vader schiet in de lach, slaat de leraar op zijn schouder en roept uit: 'Met jou kan ik praten!'

Bibberen

Op een dag is de moeder het zo zat dat ze denkt: ik kruip gewoon bij hem in bed, lekker warm. Zo gezegd, zo gedaan. Het gevolg? Haar zoon schrikt zich rot en staat binnen een mum van tijd klaarwakker naast zijn bed.

Krijsen

Wat doet de moeder in de trein? Ze draait de situatie om en moedigt haar kind aan om juist nog harder te krijsen. 'Kijk,' zegt de moeder, 'die meneer daar heeft je nog niet gehoord. En als je nu nóg wat harder krijst, dan komt de conducteur misschien ook. Ga je gang, harder!' Het effect? Stomverbaasd houdt het meisje haar mond en staat ze op.

Proefwerk

Geef haar simpelweg wat meer tijd! Op een dag zegt de leraar aardrijkskunde tegen haar: 'Als je voor het proefwerk van vandaag wat meer tijd nodig hebt, dan is dat geen probleem. Je mag wel wat langer doorwerken. Sterker nog, als het moet mag je je proefwerk ook wel mee naar huis nemen. Ik weet dat ik je kan vertrouwen.' Maaike is helemaal verbaasd en opgelucht. Wat is het gevolg? Ze is met dat proefwerk aardrijkskunde binnen de tijd klaar. Sterker nog, na deze positieve ervaring heeft ze al vrij snel ook de proefwerken voor alle andere vakken op tijd af.

Hij doet het niet meer

'Meneer,' zegt de dokter, 'u werkt zes dagen per week en houdt de zevende dag plotseling rust. Uw lichaam kan zo'n plotselinge klap niet verdragen. Als het lichaam eraan gewend is actief te zijn, is het niet goed als het zondag ineens niets meer hoeft te doen. Ik adviseer u dan ook om 's zondags ook te werken. U zult zien, de klachten zullen vanzelf verdwijnen.' 'Hmm,' antwoordt de man. En hij vertrekt. Twee maanden later komt de man terug. 'En,' vraagt de dokter, 'hoe gaat het met u, zijn de klachten verdwenen?' 'Wel,' antwoordt de man, 'de klachten zijn inderdaad over, maar niet door uw advies. Ik heb er nog eens over nagedacht, maar ik ben wat meer rust gaan houden. Volgens mij was dat toch de beste aanpak.'

Ja, maar ik lust er wel pap van.

Zoals verwacht loopt alles anders

Dit boek biedt een instrument om met elk probleem - van de dagelijkse ergernissen tot de grote tragedies van het leven - om te gaan. Het is een handleiding waarmee je een probleem kunt laten verdwijnen of (in sommige gevallen) kunt omdenken. Stap voor stap laat het zien hoe je elk probleem op een constructieve manier kunt aanpakken.

Ik ben oké, jij bent een sukkel

Betweterige schoonzus, bemoeizuchtige baas of onhandelbaar kind? Stop ze te veranderen. Ze zijn wie ze zijn. En dat zal altijd zo blijven. Is dat erg? Nee. Denk het om. Ze zijn je goudmijn. In dit boek laat Berthold Gunster zien hoe je de techniek van het omdenken kunt gebruiken in de omgang met mensen om je heen.